창간호

# 글 병아리들의 합창

창간호

# 글 병아리들의 합창

초승달 글방

진영학 권오미 박명숙 서이정
윤영례 이성우 조인숙 조한옥

도서출판 천우

■발간사

1막 2장 인생을 시작하며
황혼을 거니는 인생길
아직도 마음속엔
청춘이 살아 숨 쉬고 있는데
몸이 저물어가고 있다

저녁노을 속
잠깐 떠올랐다 사라지는 초승달이
상현달이 되고
보름달이 되어 세상을 밝히듯
비록 늦은 감은 있지만
글방에서 새 세상에 도전해 본다

대화를 나누는 동인들이 있어 기쁘고
같은 목표를 향해 정진해서 좋고
살아 있어 행복하니
먼 데 있다고 생각했던 글이
가까이에서 동행하려는 것 같다

2021년 11월
초승달 글방지기

# Contents

# Contents

글 병아리들의 합창

# 글방지기 진 영 학

봄소식 / 멸치
흡혈귀 / 시작법


•世宗 출생
•『文學世界』 등단(1995년)
•한국문인협회 회원
•한국공무원문학협회 회원
•경기문학인협회 회원
•현 평택시청(농업기술센터 소장) 근무
•시집 『온누리 향한 땅울림』,
『논두렁 밭두렁 거닐며』,
『텃밭에서 그린 그림』,
『아내의 낚시터』,
『인생은 0과 1사이의 여행』
•E-mail : jinpaesong@hanmail.net

# 봄소식

2층 베란다 창문을 열었어
옥상으로 올라온 목련나무 살피는데
꽃망울이 터질 듯
창문 밖에 봄이 와 있는 거야

밖으로 나가 자세히 보니
창문 틈으로 새어나간 그리움이었네

# 멸치

멸치야, 너는
어느 바다에서 살다왔니

그곳엔
그리움이 있어도
네 몸이 굳어 갈 수 없겠구나

차라리, 함께
식탁에 자리 잡고
뼈대 있는 집안 이야기나 하자

# 흡혈귀

모기가 허락받지 않고
손등을 물었습니다

칼을 뽑을 수도 없어
힘줘 잡고 거래했지요

백척간두에 선 삶인데도
붉은 빛 터지도록
피를 빨더군요

나는 승낙하지 않았는데
이 무법자 어찌할까요

# 시작법

시를 쓰고 싶다는 이와
시작에 대해 논한 적 있지요

세상을 놀라게 할
그런 글을 꿈꾸고 있었습니다

좋은 글도 첫 문장이 중요하니
메모하듯 편하게 쓰라 했습니다

# 권 오 미

혼자 사는 연습 / 행복 1
화두 / 행복 2 / 복숭아
어머니 / 울 손녀 / 희망을 찾아서
가을 길목에서 / 나눔


•충남 당진 출생
•현)평택북부 노인복지관 생활지원사
•현)평택 중앙동 통장
•현)평택 중앙동 지역사회 보장협의체 부위원장
•현)평택 행복나눔본부 운영위원
•사회복지사, 평생교육사
•e-mail : Kom1618@naver.com

# 혼자 사는 연습

혼자 다니며 지내고
밥도 혼자 먹으라 합니다

그리워도 참고
외로워도 참아야 된다네요

바이러스가
서글픈 세상 그려놓았습니다

# 행복 1

초승달 보며
한참을 운동했지요

오늘이 어제보다
조금 더 건강해졌겠구나

# 화두

덕산 온천 리솜 리조트에서
사위가 쥐어 준 혜택을 보고 있습니다

인생은
암호와 같은 개인사가 깔려있어
풀 수 없는 해답은 없지만

막걸리로 목을 축이며
이 밤 생의 번뇌 풀어봅니다

# 행복 2

시를 읽노라면
그 속에
나의 모습이 보입니다

짤막한 구절에
세상이 느껴지네요

보낸 이의 마음이
내 가슴에 가득 차
고이 행복으로 접어둡니다

## 복숭아

연분홍빛 두 볼에
하얀 분 살포시 바르고
누구를 기다리나

분 바른 속살에
뽀얀 살결
살며시 입에 넣으면
나도 모르게 눈이 감긴다

아~ 상큼 달달함
농부들에게 감사하며
행복함에 젖는다

# 어머니

마음 한구석
희미하게 보이는 모습
살갑게 다가갈 수 없는 현실에
말없이 흐르는 눈물
안타까움만 더해 간다

언제가 될까
사랑이 가득한 그리운 품속
안아보고 싶다

# 울 손녀

이웃집 강아지가
딸이 되고 싶다고
입양해 달라 합니다

그 모습에
강아지는 엄마가 있어 안 된다고
할머니 딸이 되겠다고 하네요

그래, 내 딸 하자
울 손녀
가슴에 사랑 가득 채워주었습니다

# 희망을 찾아서

비 오는 공원 투명한 우산
나뭇잎 아래 푸르른 우산
가로등 불빛 아래 노랑 우산
빗방울과 숨바꼭질 한다

술래가 된 내 마음속 우산
빨 주 노 초 파 남 보
새 희망을 찾는다

# 가을 길목에서

바람 타고 다가온 구름
하늘 가르며 지나간다

뜨거웠던 지난여름
바람이 몰고 온 가을 문턱에서
고추잠자리 입김에
높푸른 하늘 내어주었다

공원벤치에 앉아
자연섭리에 말없이 순응하는 자연
큰 가슴 들여다본다

# 나눔

비싼 열무 두 단
실랑이 끝에 집어 들고
빨간 고춧물로 물들였다

하얀 반달 양파 양념 버무려
막내 딸
친구에게 한 보시기 보내고
고추 몇 개 물김치가 남았다

반 보시기 남았지만
나눔을 할 수 있었던 오늘
감사히 행복 간직한다

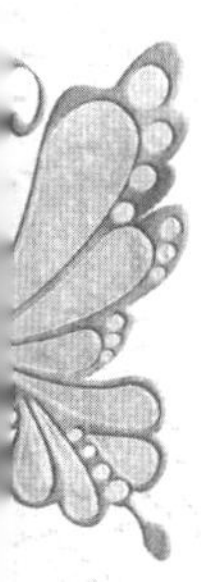

■ 글 병아리들의 합창 ■

# 박 명 숙



• 전북 전주 출생
• 서울특별시 산하기관 근무
• e-mail : hiho0808@hanmail,net

# 제비집

따뜻한 햇살이 가득한 날
제비가 찾아왔습니다

처마 끝에 집 지으려고
흙을 물고 와
아늑한 보금자리 지었습니다

지지배배 지저귀는 행복노래로
기쁨을 나누는 가족을 이루니
행복하겠지요

# 만두

하얀 밀가루 반죽에 만두피를 만든다
풍성한 속을 채워가며
이쁜 모양으로 다듬어 본다

누가 더 먹음직스럽게 만드나
웃음이 가득해진다

이 모양 저 모양으로 빚어진 만두를
식탁 위에 올릴 생각을 하니
기쁨이 앞선다

# 들꽃

하얀 들꽃 선물
한 아름 받았습니다

활짝 핀 꽃을 보니
내 마음도 환하게 웃고 있네요

기쁨을 준 행복
내 이웃에 나눠주려 합니다

# 친한 친구

친구야
차 한 잔 할래

시간을 내서
편한 이야기하자

네 얼굴만 봐도
난 좋아

# 전철

승객을 태우기 위해
긴 레일을 따라 달려옵니다

각양각색 사람들을 태우며
하루를 시작하고 있군요

행복을 실어 나르며
조용히 미소 짓고 있습니다

# 커피

커피향이 좋아
잠깐 눈을 감았습니다

따스함을 마시니
마음이 기뻐하네요

사랑이 담긴 정성
가슴 설레게 합니다

# 널 기억하리

늦은 밤 이 가을에 쉼 없이 귀뚤귀뚤
세상풍파 흔들어 약한 마음
낙심될 때에도
변함없는 너의 노래에 힘이 솟는다
걱정근심 사라지게 하는
너의 목청 소리
낙심하지 말아라
두려워하지 말아라
자연의 속삭임에 귀를 기울여 보아라

언젠가
네가 알게 될 기쁜 그날이 오면
널 기억하리

# 전역

군복무 마친 아들이
집에 왔습니다

빡빡이 밤송이가
가을하늘 안고 떠났던 게
엊그제인데
봄바람 타고 건강하게
돌아왔습니다

젊음의 노트
멋지게 써내려 갈
아들의 삶 기대해 봅니다

# 까 치

까치가 줄을 지어 앉아 있습니다
기쁜 소식을 전하기 위해
회의를 하나 봐요

어떤 행복을 안겨줄지
전봇대 줄에 앉은 내 마음
푸른 하늘로 날아갑니다

# 아카시아꽃

하늘이 맑은 날 산책을 했습니다

코끝을 자극하는 향긋한 향기
5월의 언덕에 흩뿌리는데
꽃을 살펴보니
꿀벌이 곳간 열고
허기를 채우고 있군요

그 모습에
베짱이가 된 것 같아
향기만 가슴 가득 담아왔습니다

# 떡볶이

붉게 물든 떡이
냄비에서 끓고 있습니다

매콤달콤한 맛있는 냄새가
마음까지 풍성해지네요

추억을 쌓았던 학창시절
그때가 그리워집니다

# 우리 집

사계절 바람이 부는
즐거운 동산

생사고락을 함께하는
작은 쉼터

해피바이러스를 만드는
옹달샘

# 하루의 시작

햇살이 방긋 아침을 열고
하얀 솜털구름
파란 하늘에서 인사합니다

나뭇가지에 앉은 새들
아름다운 하모니로 반겨주니
즐거운 하루 활짝 엽니다

# 소소한 행복

창밖에 비 내리는 소리
들을 수 있어 행복합니다

비 갠 산책길
나팔꽃이 환하게 반겨주네요

하늘을 색칠한 노을
아름다움에 흠뻑 취해 봅니다

# 책

책 선물을 받았습니다
손편지를 읽는 순간
내 심장은 두근거렸습니다

마음 담은 정성의 글로
하루를 시작하니
행복이 가까이 있더군요

기쁨을 맞이하고 싶어
마음의 날개를 펼쳐 봅니다

# 미용실

연홍색 수국을 피우듯
단아하게 앉아 있는 파마머리
가위손이 조각을 합니다

동화 속 주인공처럼
멋지게 단장하고
숲속 작은 무대 준비했지요

거울에 비친 내 모습 보니
아름다움에 취해
나도 모르게 콧노래 불러봅니다

# 금요일 출근길에

기다리는 주말
설레임의 끝자락
파란 마음으로 집을 나선다

부는 바람도
새들도
동행해 주는 발걸음

푸른 잔디 위 걷는 듯
가벼워진 마음
하늘을 날 것 같다

# 뻐꾸기

고요한 숲속 뻐꾸기
짙어가는 녹음에 맞춰 노래합니다

새들도
다람쥐도
풀벌레도
반겨주는 초여름의 노래

시원한 얼음냉수 한 잔
목축이듯
한여름 청량감으로 다가오길
기도합니다

# 나팔꽃

나팔꽃이 아침햇살에
예쁘게 피었습니다

빨주노초파남보
색동옷 입고
아름다운 화음으로
연주를 하는군요

실바람에 취한 내 마음
두둥실 하늘을 날아봅니다

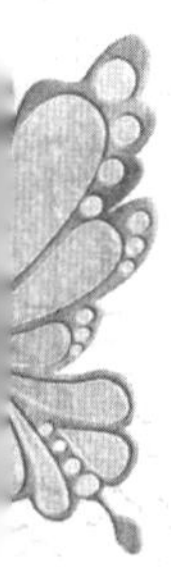

■ 글 병아리들의 합창 ■

# 서 이 정




• 전북 익산 출생
• 농업회사법인 (주)히비스커스 대표
• 비영리 민간단체 무궁화치유나라 상임이사
• 전국 무궁화생산자협회 이사
• 시낭송가
• e-mail : smsdusrn@hanmail.net

# 무궁화 1

무궁화
참 예쁘다

삼천리에 꽃피운 얼
무궁화라 부르네

무궁화
참 예쁘다

백의민족 향기에
하얀 미소 흐르네

## 무궁화
– 파랑새

코로나로 지친
그대를 위해
활짝 핀 다섯 잎 통꽃
청단심계

하늘에서 내려와
내 가슴 별이 된다

# 달집태우기

정월대보름 세시풍속
달집태우기 합니다

훨훨 날아라
붉게 타오르는 불꽃이여

님의 간절한 기도 가슴에 안고
비상하는 희열이어라

# 꽃길

수채화 물감에
물들인 꽃
스스로
봄 전도사가 된다

꽃이 진다해도
사랑으로 남아
그리운 그대에게
영원한 안내자 되겠노라

# 무궁화 2

그 이름을 부르면
꽃이 되어 내게로 온다

일편단심
한결같은 아름다움 영원하여라

오가는 인생길에
하이얀 무늬가 되어서

눈빛을 주고받는
그님에게 꽃이 되고 싶다

# 행복농장

나의 농장은
사람을 무척 그리워합니다

소꿉놀이 하고 싶어
하염없이 일거리를 품어 내지요

그런 농장이 있는 나는
참 행복합니다

# 무궁화

－불새

빨간 무궁화 꽃이
정열적으로 여름을 전도합니다

이른 아침 마음을 열고
정오엔 두 팔 벌려 태양을 안고
해질녘 정갈하게 몸단장하고
자연으로 돌아가지요

대한의 꽃 무궁화
내 어머니처럼 심신을 굳건히 하고
이 땅에 살아왔는가

# 그님

향기 나는 그대
바라만 봐도
편안한 쉼터

볼 수도
만질 수도 없는
진실한 마음

내 가슴
움직일 수 있는 것은
그대 사랑인가 봐

# 영혼 아파트

비 내리는 무봉산 만기사
좌청룡 우백호
아파트를 분양 받았다

영혼의 쉼터
건곤지를 점지하니
숙연해지는 마음

박원순 시장도 이웃사촌
고인의 목소리가 들리는 듯하다
물 흐르듯 살라고

# 천덕꾸러기

풀이 병풍을 쳐놓아
보이지 않는
모아 심은 무궁화

앙상한 가지에 달린
누렁 잎
님의 손길에 한숨 쉰다

겨레의 꽃 무궁화
꽃 피우라고
풀 뚝하면 좋겠다

# 나눔

행복한 사람이고 싶어
꽃길 꿈꾸었습니다

그대 가슴에
길 하나 내고 싶었지요

나눔의 삶으로
그대 위해 산다는 것은
신나는 일 아닐까요?

## 어쩌면 좋을까요?

진사 도자기에
성모 마리아가 자리하고 있습니다

하늘로 날아오르려나
영혼을 불태우는 모습

1300도 뜨거운 사랑에
진사가 된 하얀 도자기

눈을 뗄 수 없으니
어쩌면 좋을까요?

# 향수

비 오는 날 오후
무궁화 유래 강의 시간

돔 하우스에 내리는 빗소리
정겨움이 묻어 향수에 젖는다

촉촉이 적시는 빗방울 수만큼
그리운 그대!

# 항아리

천년을 이어온
민족의 숨결

어머니에 그 어머니
손 때묻은 멋과 얼

새 생명이
역사를 이어 왔습니다.

# 무궁화 3

하얀 꽃을
한 아름 피운 동산

내 가슴에
향기 품어 안긴다

아
그 향기는
님이 준 선물

# 무궁화 축제

무궁화 꽃이 활짝 핀 농장
코로나19 바이러스가 창궐했습니다

온몸 바쳐
1년을 준비해 온
무궁화 축제!

무궁화동산에
자유롭게 사람들이 찾아오면
무궁화 차 한 잔 나누고 싶다

## 무궁화
### -바램

무궁화동산에
꽃이 피었습니다
백의민족 정신이 담겨있는
나라꽃 무궁화

그 꽃
온 누리를 가득 채웠으면

## 황혼 노을

서녘하늘 저녁노을
붉게 물든 농장

바라보고 있노라니
눈물이 난다

일할 수 있는 오늘 보니
아름다운 삶이었구나

# 한걸음 삶

짊어지고 온 발자국
우리네 삶이요 세월이지요

내딛고 난 뒷발자국
놓고 가는 것이 편한 삶이거늘

앞으로 새겨질 발자국
그냥 내버려 두고
발길 닿는 대로 가면 될 것을

# 윤 영 례

세뱃돈 / 엄마표 밥상
청춘 열차 / 눈물의 씨앗
기도 / 이별 / 계약서
다래끼 / 진달래꽃 / 도시락
인격 / 염색 / 글 병아리
열무김치 / 연잎 밥
나른한 오후 / 나른한 봄

•대전 출생
•경기예절원 원장
•e-mail : dado24@naver.com

## 세뱃돈

명절에 용돈 주려고
전날
새 돈을 준비해 두었습니다

지금은
자손들이 봉투를 주지요

손에 쥐어 주면 좋지만
나이는 받고 싶지 않았습니다

# 엄마표 밥상

내가 엄마 되니
자식들 밥상을 챙겨줍니다

밥은 먹었냐 하시던
엄마의 정성 먹고 싶어지네요

당신의 무한 사랑
행복한 기억
전해 주고 싶었습니다

# 청춘 열차

열차 안에서 노래 부르다
쫓겨난 적 있습니다

입 나온 우리를 받아주신
기관사님 옆자리에서
덕분에 낭만을 즐겼지요

노래하던 청춘 열차는
달리고 싶은데
머리엔 하얀 눈만
소복이 쌓이고 있습니다

# 눈물의 씨앗

메마른 가슴에
소리 없이 스며든 사랑

좋아하는 게 죄가 되는지
천륜이 막아버렸습니다

놀란 맘 들키지 않으려
밤새 뒤척여 고민한
사랑은 왜 아플까요?

# 기도

닭 우는 소리 들으며
신께 문을 두드렸습니다

그님만 계신 공간
조용히 손을 모았습니다

뜻대로 되게 해주소서

# 이별

창 너머 바람이
눈물을 흘립니다

잡은들 가야 한다니
서러운 맘 어이할까나

사립문에 매달려
옷고름 입에 물고

지나가는 구름에게
하소연을 전한들

떠나간 그 맘
되돌릴 수 없었습니다

# 계약서

상가를
준비 없이 계약한
오늘

빨간 인주 찍으니
효력이 발생했다

당신의
강렬한 눈도장
받은 날처럼

# 다래끼

짝눈으로 세상을 보니
호~ 불어주시던
엄마가 그립습니다

돌멩이 사이에
넣어 놓은 눈썹을 차서
옮겨가게 할까요

좋은 일도 아니길래
답답한 마음
나만 알기로 했습니다

# 진달래꽃

철없는 꽃이
성미도 급했는지
몽울져 있었습니다

눈이나 녹으면
나오지

얇은 옷에
춥지는 않을까
내 옷 덮어 주고 싶었지만
마음만 내려놓고 왔습니다

# 도시락

정성을 담아
도시락을 만들었습니다

엄마 마음에
상처를 남기는 딸

갈 곳 잃은 도시락
어디로 보내야 할까요?

# 인격

마트에서 일을 합니다

카드를 내는 사람
현금을 내는 사람
한 손으로 던지는 사람
두 손으로 살포시 내미는 사람

바쁜 사람
웃는 사람
짜증내는 사람
돌아서며 인사하는 사람
욕이 생활인 사람

뒷모습 바라보며 생각합니다
인격도 함께 계산된다면
어떨까요?

# 염색

새치가 생겨 뽑다가
물감을 들입니다

그대로 둘까 고민하다
남의 시선이 신경 쓰였습니다

언제나 나로 살까
내 의지보다 큰가 봅니다

# 글 병아리

글 쓴다는 것은
맘을 내보이는 것

감춰둔 맘 꺼내기
참 어렵지요

알을
못 깬 탓인가 봐요

# 열무김치

열무김치를 담갔습니다

고추며 마늘 생강 갈아 넣고
내 마음도 넣어 버무렸는데
맛이 싱겁네요

아하
김치 담그기 레시피 살펴보니
사랑이 빠졌군요

# 연잎 밥

둥근 연잎에
찰밥을 보쌈 합니다

정성들여 대추 밤 넣고
연향을 기다리네요

어느 인연이 먼저 올까
가슴 열고 기다립니다

# 나른한 오후

날씨 맑은 날
햇살은
나뭇잎과 대화를 합니다

도로 위
무심히 오가는 자동차만
바쁘게 다닐 뿐

조용히 멈춰버린 오후
살짝 걸쳐 앉은 나

# 나른한 봄

무거운 첼로 음보다
가벼운 바이올린 음이
가슴을 파고든다

묵직한 레드와인보다
깔끔한 화이트가 좋다

묵은지보다
레몬향의 가벼움에 반응한다

이게 봄 탓인가?
아니면
내 맘이 무거운 탓인가

# 이 성 우

봄 / 진달래꽃 / 추억
봄 비 / 내가 사는 집
중고책방 / 희망사항 / 제비집
전철 / 봉사 / 산에 사는 물고기
소쩍새 / 꽃잔치 / 아름다운 별
커피 / 우물 / 낙수 / 사슴
고향 아리랑 / 막걸리


- 경기 화성 출생
- 음악학원 원장
- 화가
- 시 작곡 : 봄, 진달래꽃, 추억, 봄비, 바다여행
- e-mail :

# 봄

나뭇가지 사이
따뜻한 바람
덜 깬 봄 두드리며
지나간다

잎새 떨군
키 큰 나무들
연둣빛 봄 편지
줄지어 기다리고

익숙한 벤치에 앉아
한겨울 내내
마음에 심었던 풍경들

실바람 불어올 때쯤
고운 옷 갈아입고
마중 나가련다

# 진달래꽃

연분홍 빛 얼굴로
찾아온 걸 보니
부끄러웠나 보다

촉촉한 얼굴에
살포시 내려앉은 천연 물감
듬뿍 찍은 붓으로
꽃 그림자 색칠하고 싶다

꽃잎 속
곤히 잠든
사랑의 꿈 교향곡

# 추억

십 리 길
책보 메고 다니던 시절

산길 지날 땐
원추리꽃을
논두렁 지날 땐
엷은 분홍색 메꽃이
친구 되었다

봄이면
보리밭 종달새 집 찾으며 다녔고
가을엔
메뚜기 뒷목 강아지풀에 꿰며 다녔다

장마철이면
시뻘건 물이 범람하는 냇가
업어 건네주시던 따뜻한 할아버지
지금은 어디 계실까

긴 세월 지나도
잊히지 않는 사랑
눈물겹게 아름다운
이야기

# 봄 비

연잎 위로 떨어지는
빗방울 소리
현악기 튕기듯 경쾌합니다

파란 비닐우산 받쳐 들고
연못 바라보는 마음
고요한 호수 같습니다

줄지어 내려오는 빗줄기 오선
소리 없이 그려지는 연잎 색 음계
젖은 음표에 취한 나는
풀빛 그리움으로 물들고 있습니다

신성한 아름다운 봄이여

# 내가 사는 집

자작나무 아래
라흐마니노프
피아노협주곡을 연주하는
검정색 그랜드 피아노

실연 당한
젊은 겨울 나그네의
노래가 흘러나오는
대문짝만 한 탄노이
스피커

나이 먹어 힘겹게
천정 바라보고 있는
골동품 반닫이 위
앵둣빛 텔레비전

베이지색 담벼락
한 켠엔
비스듬히 누운
사계절 유화만이
침묵하고 있다

군고구마 당기는 밤
찹쌀떡 장수 지나가고

그림과
음악과
시와
내가 사는 집
초겨울의 골목길

지나가는 찬바람
차 한 잔
건네주고 싶다

# 중고책방

녹슨 철길에 줄지어 있는
색 바랜 낡은 책들

비에니아프스키는
전설을 노래하고
뭉크는
자화상을 그리고

뒤뚱거리는 나무의자에
등 기대어 바라보는
거대한 풍경 속

두 눈 감고
무한 세계 여행하는
나는
오묘한 순례자

# 희망사항

초딩하고
잘 통하고 싶다

영원히
피리 부는 소년이고 싶어서

# 제비집

정이월 다가고
삼월이면
봄이 온다던데
처마끝 집 지으려고
땀 흘리고 있군요

흙 모아 지은 집
삼남매가 태어나
한 가족을 이루니
삶이 행복하겠지요

# 전철

맞은편 의자에 졸고 있는 머리 긴 여인을
슬쩍 스케치한다

밀물처럼 들어왔다
썰물처럼 빠져나가는
사람들이
손에 쥔 콩 흩어지듯
어디론가 가고 있다

날다람쥐처럼 재빨라야 잘 사는 세상
그래도 난
이 밤
슈베르트 세레나데를
들을 수 있어
행복하다

# 봉사

가을걷이 끝나
호박고지 넣은
시루떡을 했다

방앗간 집
수수깡 울타리 집
저기 논두렁 건너
오서방 집

어둠이 젖은 톱밥처럼 내려앉을 즈음
동생은 플래시를
나는 떡 쟁반을
들고 다녔다

높은 하늘 별 하나가
머리를 쓰다듬고
웃으며 지나갔다

# 산에 사는 물고기

찬바람 부는
잔설 옆
인적이 흐려진 양지바른 산길에 누워 있는 물고기

낙엽을 먹고 살까
산새가 물어다 주는 빨강 남천나무 열매를 먹고 살까
두 볼이 탱탱 볼이다

삭풍이 불어오기 전
따뜻한
낙엽 울타리라도 만들어 주어야겠다

# 소쩍새

나무 그림자에
걸터앉은 잔설
소쩍새 지나갔나
발자국이 슬프다

솥 적다 소쩍소쩍
구슬픈 울음소리
노란색 노래
불러 주리라

# 꽃 잔치

산책길에 만나는
찔레꽃 양지꽃
자운영꽃
키 작은 보랏빛 제비꽃
진달래꽃

꽃 잔치 열리는 날
꽃향기는 바람에 날리고
나는 노래 부르고

들길 따라 핀 꽃
찬란한 봄이어라

# 아름다운 별

별 따라가다
넘어졌습니다

넘어진 손을 보니
달빛 가득합니다

갈 길 먼 길
그래도
별 따라갑니다

아름다우니까요

# 커피

나른한 오후
커피 집

갈색 향에 취해
커피 칸타타를
부른다

종소리 같이
평화로운 오래된 친구
그리워진다

# 우물

우물 속 하늘과
그 위를 지나는 구름을
보았습니다

거꾸로 매달려
하늘나라 동요도
불러보구요

두레박 가득히 길어 올린 추억들
오두막집의 손풍금
노래되어 흐릅니다

하늘 달 별 구름을
담고 있는 우물
아득하고 그리운
저만큼의 거리

그 시절이
그립습니다

# 낙수

밤새 왔나
양동이 물이 가득하다

양철지붕
두드리며 온 비
내 마음도 두드려 본다

이 세상에서
가장 아름다운 음악이
빗소리임을

# 사슴

눈물 맺힌
따뜻한 눈망울

눈물도
한숨도
흘러간 세월

지그시 감은 눈
긴 호흡으로
노래하는 방랑자

# 고향 아리랑

대동여지도 닮은
길을 간다

보리밭 지날 땐
보리피리 불고
호밀밭 지날 땐
이랑을 걷는다

논두렁 지나
노루고개 넘어
언덕진
진달래 숲 이르면
융건릉에서 들려오는
슬픈 종묘제례악이
산 그림자 되어
내려앉는다

빙글빙글 돌아가는
허리 굽은 논두렁길
누나는
아욱국 쌀보리 밥

광주리
뒤쫓는 나는
막걸리 담은
녹슨 주전자를
두드리며
세 박자 리듬에 맞춰
걷는다

굽이굽이 돌아가는
후미진 산길
목관악기 닮은
삐꾸기 소리가
단조 이야기를
풀어내며 먼 하늘을
날아간다

흰 구름 품에 안고
바라보는
엄마 아버지
일하시는 모습
밀레 만종 보는 듯

한 폭의 그림 되었다

엄마는 콩밭을
아버지는 써레질을
세 길 만나는 길가엔
앞서간 보랏빛 제비꽃과
하얀 찔레꽃이
환한 얼굴로 손
내민다

내 가는 길
엄마 길
아버지의 길이
삼각형 꼭짓점처럼
맞닿아 있다

# 막걸리

막걸리 담글 술밥 훔쳐 먹은 일이
섬광처럼 떠오른다

술 조사 나온다는 소문에
온 동네가 술렁술렁 불안에 떨고 있다

영철네 술 항아리는 땅에 묻고
현숙이네는 짚더미 속에 감추고
난 솜이불을 시루떡처럼 겹겹이 쌓아 올려
그 위에 걸터앉는다

발효된 막걸리
온 방을 휘젓는 냄새 누르는 나는
애써 코를 틀어막고 술 냄새를 쫓는다

두려움에 떨며
기다리던 술 조사는 이내 기별이 없고
진한 잿빛으로 눌렸던 안도의 긴 한숨
초가지붕 박꽃처럼 하얗게 피어올랐다

# 조 인 숙



•경기 평택 출생
•조인조경건설(주) 대표
•e-mail : join0303@naver.com

# 고목

호수가 보고 싶어
주차를 하고 가려는데
고목이 눈길을 끌었습니다

오랜 세월 곁에서
아픔을 나누었던
그 사람이 생각났습니다

곁에 있었어도
다 알거라 생각했었는데
혼자서
더 많이 아파했을 그님

새순 돋는 고목나무 보며
인생을 되뇌여 봅니다

## 고백

난생 처음
막걸리에 빠져보았습니다

톡 하는 동안
숨을 몰아쉬었지요

처음으로 느낀 고통
다시는 안 마시겠다
약속했습니다

# 화장대

화장품들이
좁은 화장대를 비집고
서로 겹치고 쌓여 있는 모습에
지꾸만 눈길이 갔다

에센스, 눈썹 화장솔, 콤팩트
제각기 자리를 잡고
모이스처 앰플
탄력앰플, 스노우앰플은
수다가 통했다

수미 미백 기능성은
혼자 위대하다고 상자인 제 집을 차지했다

내 방 갖길 소원으로 빌고
꽃 그림에 구름 있는 침대를 꿈꿀 때
백마 탄 왕자님도 같이 오곤 했다

어지럽게 쌓여진 화장대는 시간 부족으로
게으름으로
어지럽게 흐트러져 있는

## 화장대

사랑이 무르익으면
정리가 될까

## 약속

화장품 정리를 안 해서
자꾸만
눈길이 갑니다

내일은
꼭 정리해야겠다

# 느티나무

연초록빛으로
채워져 가는 가로수길 걷는다

님이 오기 전
손잡고 함께 거닐었던 그 길

소풍이 끝나는 날까지
행복 위해 걷자 마음먹었습니다

# 운동장

집 앞 유수지에
자그마한 운동장이 있다

서른 바퀴쯤 돌면
주름 사이로 땀방울이 맺힌다

나를 아프지 않게
건강을 유지해 주는
우리 동네 제일 큰 땅

# 송담근린공원* 에서

집 앞 공원
돌고 또 돌아 제 자리를 걷는다

같은 방향으로
한 시간이 넘도록 걸어도
같은 길이 아닌 것 같다

올려다 본 하늘엔
파란 감이
웃는 얼굴로 내려다본다

처음 보았는데
낯익은 듯
나를 아는 듯
날마다 걸었는데
조금만 올려다 볼 것을

햇님 달님 사랑 받으며
익어가는 가을에
함께 걸어준 님
누구였을까

* 경기도 평택시 안중읍에 소재한 공원

■ 글 병아리들의 합창 ■

# 조 한 옥

자연섭리 / 회상 / 인생
아카시아꽃 / 바다
데이지꽃
웃음이 피어나는 집
삶의 해갈 / 내 마음은 20대


•충남 천안 출생
•주부
•e-mail : gkshrl@naver.com

# 자연섭리

따뜻한 햇살이 맘에 들지 않는지
꽃샘추위가 심술을 부립니다

봄이 다가옵니다
싱그러운 초록색으로
내 맘속에 앉아

# 회상

지척을 분간할 수 없는 밤
별빛이 아름답게 빛나네요

별을 노래하던 시절은 지났지만
깊은 가슴속에
추억만이 남아 살아 움직입니다

# 인생

한세월 뒤돌아보니
서글픔뿐이더라

한 올 한 올 엮으며
행복이라 여겼는데
세월의 무상함이
너무 밉더라

# 아카시아꽃

향기가 불어오는
아카시아 나무
다가서 봅니다

달콤함을 간직한
화려함으로
아름답게 피어 있습니다

파란 도화지에
싱그러운 흰 꽃송이
그려봅니다

# 바다

고요한 수면 위로 퍼져가는
반짝이는 햇살
평화로운 그 안에 숨겨진 얼굴

언젠가
시퍼런 물기둥 토해 내리라
그리움을 위하여

# 데이지꽃

어두운 창밖
창문을 때리는 빗방울 소리

바라보던 두 눈이
멈추는 순간
살랑이는 바람이 나를 이끄네

자세히 살펴보니
숨겨진 사랑의 봄 들어올리는
천진난만한 요정들 꽃잔치

# 웃음이 피어나는 집

담장 아래 분홍 장미꽃 활짝 피어주니
꽃향이 발길을 멈추게 합니다

버찌나무가 햇빛을 가려주는 잔디 위로
잔잔한 음악이 흐르는 울안 마당

파라솔 그늘 아래 허브차 한 잔 마시며
도란도란 마음의 여유 부려본다

# 삶의 해갈

잿빛 하늘
먹구름 울음바다
무슨 사연 있길래

쏟아지는 빗줄기
토해 낸 서러움이
바다를 이루었네

어울진 답답함
가뭄을 해갈 해주듯
청량함으로 세상이 푸르다

# 내 마음은 20대

바람이 분다
꽃잎처럼 날아
어디로 가는 걸까

젊은 청춘 바래가고
화려함도 한 시절
추풍낙엽 떨어지듯
저물어가는 기력

내 마음은
아직,
20대라오

■편집 후기

2021년 2월 10일
글 병아리 3명으로 시작한 초승달 글방
어느덧 회원이 16명으로 늘었다.

매주 화요일 20시 30분에 시작하는 2시간 동안의 시 쓰기 수업, 열정적으로 배움을 게을리 하지 않고 따라준 지 벌써 10개월.

천재적인 문하생은 다섯 작품이 가곡으로 작곡되어 불려지고, 아직도 시 쓰기가 어렵다는 회원도 있지만 틈틈이 써온 옥고를 모아 세상에 보이려 한다.

그동안 어려움 속에서도 열과 성의를 다해 주신 회원님들께 감사의 말을 전하며, 초승달이 둥근 보름달로 채워지는 그날까지 함께 동행했으면 좋겠다.

함께 해주신 글 병아리 회원님들
모든 분들께 수고하셨다는 말을 전합니다.

2021년 초겨울
글방지기 진영학

창간호

# 글 병아리들의 합창

진영학 외

인쇄 1판 1쇄 2021년 12월 6일
발행 1판 1쇄 2021년 12월 13일

지 은 이 : 진영학 외
펴 낸 이 : 김천우
펴 낸 곳 : 도서출판 천우
등 록 : 1992. 2. 15. 제1-1307호
주 소 : 서울시 성동구 무학봉28길 6 금용빌딩 2F
전 화 : 02)2298-7661
팩 스 : 02)2298-7665
http://moonhak.wla.or.kr
E-mail : chunwo@hanmail.net



값 13,000원



ISBN 978-89-7954-856-3